Norbert Paul

Jahreskreisbuch

2017

Das Arbeitsbuch zu den Jahreskreisfesten

Über dieses Jahreskreisbuch

Von Jahr zu Jahr dreht sich unsere jeweils eigene Lebensspirale durch den immer wieder neuen und doch immer gleichen Jahreskreis. Die in ihm verankerten Hochzeiten, die Jahreskreisfeste, bieten den Anlass und die Unterstützung der mit ihnen herrschenden Kräfte und Energien, eine Zeit lang inne zu halten, zu reflektieren und Zwischenbilanz zu ziehen hinsichtlich des eigenen Lebens, sowohl den momentanen Stand betreffend als auch dessen, was bisher geschah.

So wie das Mondjahr die kleinen vegetativen Zyklen innerhalb des Sonnenjahres, dem großen Zyklus, bestimmt, so bestimmt der immer wiederkehrende Jahreskreis unser tägliches, wöchentliches, monatliches und jahreszeitliche Werden, Sein und Vergehen – er ist im großen Zyklus unserer Lebensspirale der »kleine«. Um in der heutigen schnelllebigen Zeit, in der man sich immer mehr von der Natur entfernt und ihren Prozessen menschengemachte Konzepte entgegengesetzt werden, ist es nicht leicht, wieder mehr in Einklang mit sich selbst, mit der eigenen Bestimmung und mit der allem zugrunde liegenden Schöpfung zu kommen. Um dies Menschen, die sich entschlossen haben, ein schöpfungsrichtiges Leben zu führen und den eigenen (naturspirituellen) Weg konsequent über Jahre hinweg zu gehen, zu vereinfachen, hat sich das Führen von Jahreskreisbüchern als sehr gutes Hilfsmittel erwiesen. So wird für jedes Sonnenjahr beginnend mit dem Julfest ein neues Jahreskreisbuch angelegt, in dem zu jeder Jahreskreishochzeit festgehalten wird, was um und ganz besonders in uns vorgeht. Von Jahr zu Jahr kann so verglichen werden, ob und wie sich die eigene Lebensspirale durch die Jahreskreise drehte, ob sie sich aufwärts bewegte, hier und da absank, ob da und dort eine Korrektur nötig war, dies und das vergessen wurde oder man sich in anderem verlor hat. Auf diese Weise ist es zum einen möglich, sein Leben hinsichtlich dessen schöpfungsrichtigen Laufes immer wieder reflektierten zu können, zum anderen werden die Jahreskreisbücher zu einer Biographie, sie dokumentieren die persönliche Geschichte, den eigenen Entwicklungsweg. Somit wird dieses wie auch jedes weitere Jahreskreisbuch zu einem wichtigen Werkzeug für die persönliche Entwicklung, für Veränderungen und für Ziele im Leben und vieles andere mehr. Es hilft, auf Kurs zu bleiben und gelassen der letzten Frage am Ende dieses Lebens entgegen zu sehen: Was hast du mit der Zeit getan, die dir gegeben wurde?

Es sollte uns immer bewusst sein, dass das Sonnenjahr den großen Zyklus des Lebens als Ganzes vorgibt, für uns Menschen ist es jedoch wichtig, was wir innerhalb dessen tatsächlich erreichen, und zwar von einem Jahreskreisfest zum nächsten. Auf diese Weise nähern wir uns nicht nur dem schöpfungsrichtigen Leben und dessen natürlichem Lauf an, sondern setzen auch unsere Energie zum richtigen Zeitpunkt und mit bester Wirkung für unsere Vorhaben ein. Von Jahr zu Jahr wird sich so unser Lebensrhythmus (wieder) dem natürlichen und damit schöpfungsrichtigen Herzschlag der Schöpfung annähern.

Keinesfalls sollten wir uns von den momentanen unvorhersehbaren Wirren und Veränderungen, ganz besonders das Klima und die jahreszeitlichen Verschiebungen betreffend, verunsichern lassen, sondern lernen, die Jahreszeiten und die Rhythmen innerhalb dieser zu erkennen und danach zu handeln, denn diese wird es immer geben. Auch wenn sich die jahreszeitlichen Perioden von ihrer Länge her verändern (was sie im Übrigen schon immer taten, derzeit werden besonders der Herbst und auch das Frühjahr länger und der Winter entsprechend kürzer), Frühjahr, Sommer, Herbst und Winter werden jedoch immer in dieser Anordnung aufeinander folgen. Das Lebensrad und den Jahreskreis wirklich zu verstehen und zu leben, das ist die Grundlage des Erkennens und des Treffens richtiger Entscheidungen.

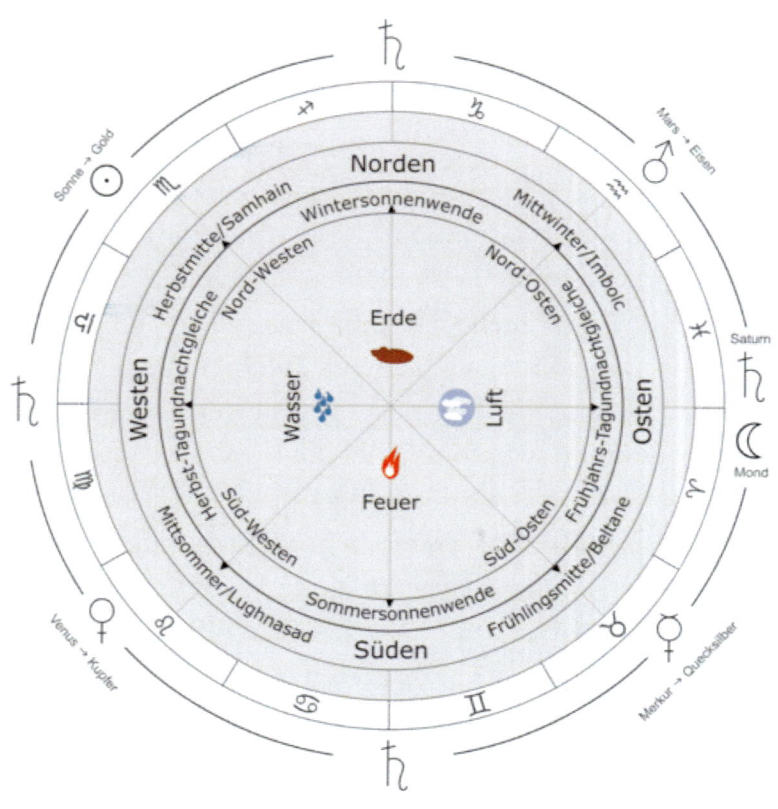

Verbunden und in die große Ordnung des Kosmos eingebunden sind Jahreskreis und Lebensrad durch das Planeten-Rad.

Der Jahreskreis im Kurzüberblick

☼● Jul/Wintersonnenwende → Herbstende und Winteranfang → Schütze|Steinbock

○ Imbolc → Mittwinter → Winterhochzeit → im Wassermann

☼● Ostara/Frühjahrs-Tagundnachtgleiche → Winterende und Frühlingsanfang → Fische|Widder

○ Beltane → Frühlingshochzeit → im Stier

☼● Litha/Sommersonnenwende → Frühlingsende und Sommeranfang → Zwillinge|Krebs

○ Lughnasad → Sommerhochzeit → im Löwe

☼○ Mabon/Herbst-Tagundnachtgleiche → Sommerende und Herbstanfang → Jungfrau|Waage

○ Samhain → Herbsthochzeit → im Skorpion

☼ = Sonne, ○ = Vollmond/Silbermond, ● = Neumond/Schwarzmond (Die zweite Position nach der Sonne zeigt die vorherrschende Mondqualität zum Sonnenfest.)

Das Arbeiten mit dem Jahreskreisbuch

Mit der Wintersonnenwende, mit welcher das alte Sonnenjahr endet und sogleich ein neues Sonnenjahr seinen Anfang nimmt, mit welcher das Licht stirbt und wiedergeboren wird, beginnt das Jahreskreisbuch. Um die Wintersonnenwende herum vergeht der alte Jahreskreis und ein neuer fängt an, sich zusammenzufügen, und wann dieser vollständig sein wird, hängt, wie wir beispielsweise aus meinen anderen Büchern wissen, von dem Neumond ab, welcher der Wintersonnenwende am nächsten liegt. In der Zeit zwischen diesem Neu- oder Schwarzmond und der Wintersonnenwende besteht kein Jahreskreis, weshalb diese Zeit, die wir als Raunächte kennen, auch die Zeit zwischen den Jahren genannt wird.

Mit dem Julfest und dem Winter beginnt eine sehr wichtige Zeit, die für den Erfolg des anstehenden Jahres von besonderer Bedeutung ist.

Bei allem, was Du Dir vornimmst und was Du tust, solltest Du Dir immer über die Trennung zwischen Jahreskreis als dem realen Lebenslauf einerseits und dem Kalenderjahr als Terminplanungshilfe andererseits bewusst sein. Dein wahres Leben verläuft nach dem Jahreskreis, nach den Rhythmen und Zyklen der Natur, nötige Terminvereinbarungen mit anderen Menschen erfolgen nach dem Jahreskalender, der eine reine Verwaltungsfunktion ohne sonstige Belange hat. Grundlage für Terminplanungen sollte jedoch immer Dein wirkliches Leben, also der Jahreskreis und seine Feste sein.

Zu jedem Jahreskreisfest haben die ihm eigenen Aspekte und Energien ihre stärkste Ausprägung. Diese kennenzulernen und für sich zu nutzen, ist nicht nur an dem entsprechenden Jahreskreisfest wichtig, sondern gilt auch an allen anderen Hochzeitmomente im Laufe des Jahres. So treten Imbolc- oder Ostara-Momente oder eben auch Aspekte und Energien anderer Jahreskreisfeste das ganze Jahr über in Erscheinung. Diese dann auch zu erkennen, hilft Dir, um deren Energien für Dich und Deine Vorhaben nutzen zu können.

> **!** Im Kalenderjahr 2015 erstrecken sich die Rauhnächte vom Sonnenuntergang des 11. Dezembers bis zur Sonnenwende am 22. Dezember um 05:48 Uhr. Dieses Mal stehen also ganze 10 Tage (vor der Wintersonnenwende!) zur Verfügung, die so aufgeteilt werden sollten: Die ersten fünf Tage solltest Du nutzen, den alten Jahreskreis auf allen Ebenen abzuschließen, um nichts in den neuen hinüberzuschleppen, was eigentlich schon abgehakt gehört. In den zweiten fünf Tagen solltest Du den neuen Jahreskreis grob vorausdenken, ohne dabei ins Detail zu gehen, nur soweit, dass eine Vorstellung von dem aufkommt, was vom nächsten Jahreskreis erwartet werden darf. Nutze diese außergewöhnlich lange Rauhnächtezeit, um ohne Druck diese Aufgaben zu erfüllen, unterstütze alles genussvoll mit Räucherungen und gehe entspannt in das Julfest, denn ab dann gelten ganz andere Vorgaben, der Winter beginnt.

Um aus unserem Lebensrad eine Lebensspirale machen zu können, welche sich von Jahreskreis zu Jahreskreis nach oben schraubt, hilft uns dieses Jahreskreisbuch. Mit ihm dokumentieren wir nicht nur unsere persönliche Entwicklung, wir können zudem zielgerichtet und konstruktiv damit arbeiten, indem wir es zu jedem Jahreskreisfest zur Hand nehmen, unseren Alltag und die Gesellschaft, in der wir leben, reflektieren, indem wir auf die Aspekte der aktuellen Hochzeit eingehen und schauen, welche Bedeutung diese im Moment für uns haben. Hierfür werden die bei jedem Fest vorherrschenden Aspekte kurz beschrieben, einige Anregungen gegeben, was in dieser Zeit getan oder auch unterlassen werden sollte, und schließlich steht reichlich Platz zur Verfügung, um wirklich all das festzuhalten, was Dir wichtig ist, was Du erreichen willst oder wo Du Ansätze für Veränderungen siehst. Hierfür wird eine Art Aufgabenliste (siehe Beispielabbildung unten) mitgegeben, nach der Du Dich richten kannst, um eben Dein Entwicklungs- und auch Veränderungspotential strukturiert aufschreiben zu können. Diese Aufgabenliste enthält Orientierungsfragen oder -hilfen, die Du der Reihe nach für Dich »beantworten« solltest. Auf die leeren Seiten im Anschluss an die zu jedem Hochfest beschriebenen Aspekte und Fragen notierst Du zu der jeweiligen Frage Deine Gedanken, Vorstellungen, Wünsche usw. In der Aufgabenliste kannst Du jeden einzelnen abgearbeiteten Punkt abhaken (sollten die freien Seiten für Deine Notizen nicht ausreichend sein, dann schreibe weiteres auf ein Extrablatt und lege dies an der entsprechenden Stelle im Buch ein). Unter dieser Aufgabenliste findest Du eine Destruktiv-Konstruktiv-Tabelle, trage in diese die wichtigsten Punkte Deines Gesamtresümee ein. Wichtig ist, dass Du – ähnlich wie beim Redestab-Ritual – Dich beim Niederschreiben kurz fasst und auf

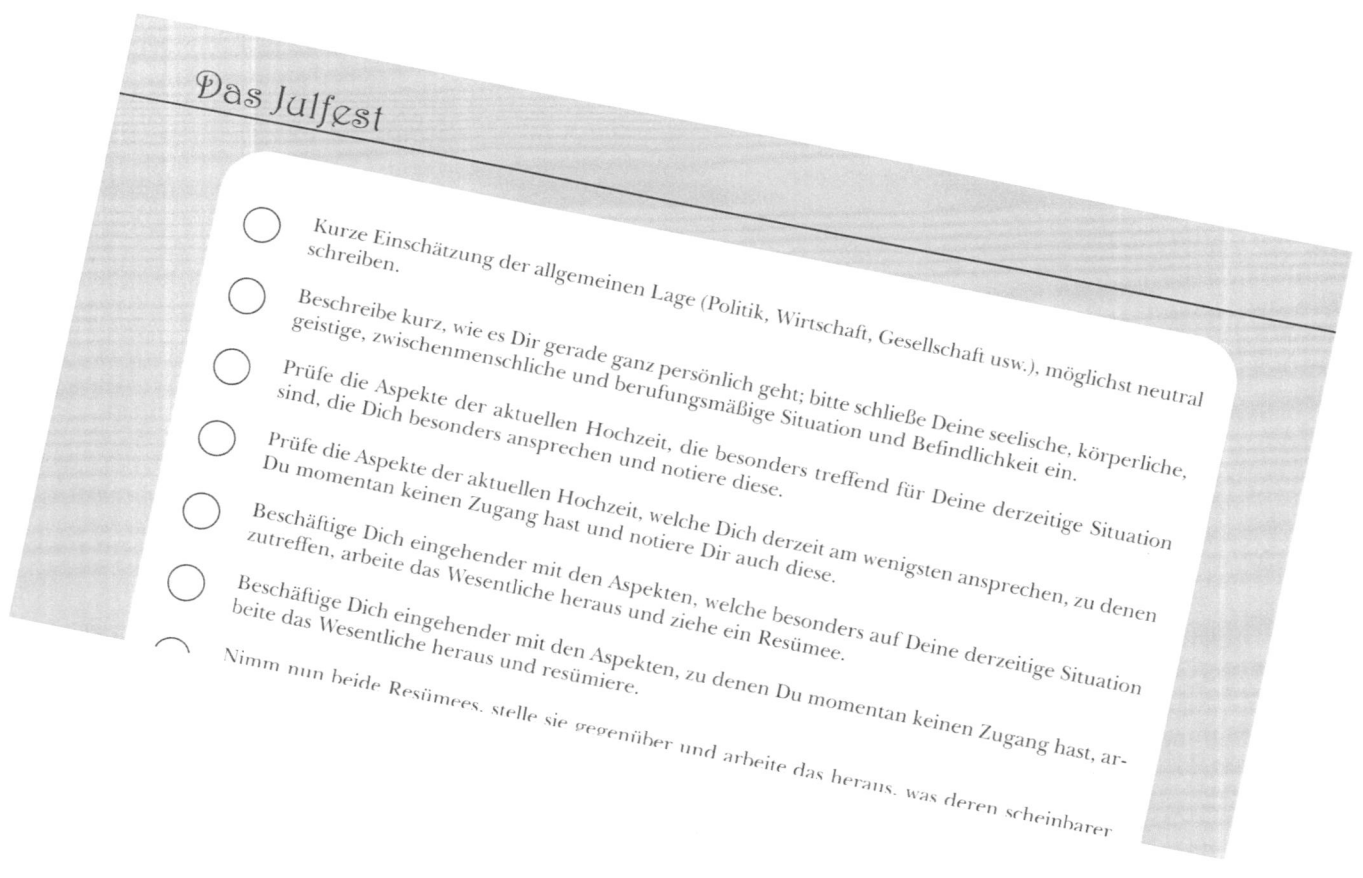

Das Julfest

○ Kurze Einschätzung der allgemeinen Lage (Politik, Wirtschaft, Gesellschaft usw.), möglichst neutral schreiben.

○ Beschreibe kurz, wie es Dir gerade ganz persönlich geht; bitte schließe Deine seelische, körperliche, geistige, zwischenmenschliche und berufungsmäßige Situation und Befindlichkeit ein.

○ Prüfe die Aspekte der aktuellen Hochzeit, die besonders ansprechen und notiere diese. sind, die Dich besonders ansprechen und notiere diese. treffend für Deine derzeitige Situation

○ Prüfe die Aspekte der aktuellen Hochzeit, welche Dich derzeit am wenigsten ansprechen, zu denen Du momentan keinen Zugang hast und notiere Dir auch diese.

○ Beschäftige Dich eingehender mit den Aspekten, welche besonders auf Deine derzeitige Situation zutreffen, arbeite das Wesentliche heraus und ziehe ein Resümee.

○ Beschäftige Dich eingehender mit den Aspekten, zu denen Du momentan keinen Zugang hast, arbeite das Wesentliche heraus und resümiere.

○ Nimm nun beide Resümees, stelle sie gegenüber und arbeite das heraus, was deren scheinbarer

! • Denke immer daran: Das Jahreskreisbuch soll Dir eine Hilfe und ein Werkzeug über Jahre hinweg sein, nicht nur für ein Jahr. Aus diesem Grund solltest Du es entspannt, aber auch konsequent und natürlich ehrlich führen. Irgendwelche Spielchen zu spielen, wäre Selbstbetrug in Reinform, denn diese Texte wirst nur Du lesen, sonst niemand. Habe also Freude dabei oder nimm in schweren Zeiten die Entlastung war, die sich beim Bearbeiten der jeweiligen Jahreskreishochzeit einstellt und genieße sie.

den Punkt kommst. Das ist deshalb wichtig, damit Du im darauffolgenden Jahr, wenn Du das Fest dann mit dem diesjährigen vergleichen willst, die wichtigen Inhalte zügig erfassen und vergleichen kannst.

Jedes einzelne Jahreskreisbuch wird so zum Teil einer schriftlichen Hinterlassenschaft Deines Lebens. Mit ihm erkennst Du, ob Du in Deiner persönlichen Entwicklung vorangeschritten bist, ob Du in irgendeiner Sache nachgelassen hast oder ob Du gar dabei bist, von Deinem naturspirituellen Lebensweg abzukommen. In einem solchen Falle die Anzeichen schon früh zu erkennen, gibt Dir die Möglichkeit, rechtzeitig entgegenzusteuern. Ohne diese Früherkennung würdest Du irgendwann feststellen, dass Du schon nicht mehr Deinen Weg gehst, und wie es meine Erfahrung zeigt, bleibt es dann meistens auch dabei. Doch soweit soll es ja nicht kommen. Und in einigen Jahren, wenn Du dann schon auf einige Jahreskreisbücher zurückblickst, zeigen sie Dir den Weg, den Du bis dahin gegangen bist, mit allen Höhen und Tiefen, mit allen Fortschritten und Rückschlägen auf. Nichts geht dann mehr wirklich verloren oder gerät in Vergessenheit, all das, was Du für Dein schöpfungsrichtiges Leben geleistet hast, ist in den Jahreskreisbüchern verankert. Gehe daher gewissenhaft sowie mit Freude und Stolz an die Arbeit mit diesem Jahreskreisbuch, denn es geht um Dich und das, was Du denen, die Dir wichtig sind, zu zeigen hast.

Das Julfest

Das Julfest oder Alban Arthuan, das zur diesjährigen Wintersonnenwende gefeiert wird, kennzeichnet im Jahreslauf den tiefsten Stand der Sonne, den kürzesten Tag und die längste Nacht im Jahr. Auf dem Rad des Jahreskreises liegt es zusammen mit dem Element Erde im Norden. Dieses erste große Sonnenfest des Jahreslaufes liegt immer zwischen dem 20. und 23. Dezember. Gefeiert werden das Sterben und die Wiederauferstehung des Lichtes, das Ende des alten Sonnenjahres und dessen Wiedergeburt. Für unsere Vorfahren standen die Götter Gaia, Ceredwen, Freyr, Frau Holle und die Nornen, die Schicksalsweberinnen, im Zentrum dieses Festes. Für uns beginnt mit diesem Fest eine geruhsame Zeit mit der Rückbesinnung auf uns selbst, mit intensiver Innenschau und der seelischen wie auch körperlichen Erholung und Regeneration. Angesagt und das Richtige für Körper, Geist und Seele sind Meditationen, aktive wie stille, sanfte Bewegungsübungen wie beispielsweise Runen-Qi-Gong und Meridian-Gymnastik, das Besuchen von Bäder- und Saunalandschaften, lange Spaziergänge, Massagen, Duftbäder, »Rumhängen«, Langeweile genießen, schlemmen und ähnliches. Indem wir in dieser Zeit den tieferen Geheimnissen in uns auf den Grund gehen, schaffen wir die Möglichkeit für die nächsten transformierenden Schritte. Es gilt, sich Zeit für sich zu nehmen, nur für sich. Auf diese Weise finden wir auch die verborgenen Schätze, die in uns liegen und darauf warten, geborgen zu werden, also das, worauf uns das Element Erde immer hinweist und erinnert. Dazu bedarf es der ruhigen Zeit zwischen Jul und Imbolc, dem nächsten Jahresfest. Die Starre des Winters, des scheinbaren Todes, gibt den feineren Kräften in und um uns den Raum, sich entfalten zu können. Schnell wird klar, dass der »scheinbare Tod« nur das Maximum an Ruhe und Rückzug ist. Indem wir es der Natur gleich tun, starten wir mit Imbolc in einem besseren, einem klareren Zustand in die nächste aktive Phase des Jahreskreises. Zu dieser Zeit gehört auch, sich mit Freunden zu treffen, mehr Zeit mit der Familie zu verbringen, was vorher so nicht möglich war und was auch schon bald wieder so sein wird.

Astrologisch gesehen verbindet Jul die Tierkreiszeichen Schütze und Steinbock, während der Saturn über einen sauberen Übergang von einem zum anderen wacht, dem Schützen Einhalt gebietet und dem Steinbock nun seinen Raum gibt. Aus dem Reich der Steine ist diesem Fest der Amethyst zugeordnet und dementsprechend die Farben Schwarzgrün und Dunkelviolett. Aus dem Reich der Tiere ist der Bär der passende Vertreter, aus dem Reich der Bäume sind es die Tanne und die Esche. Mit der Mistel und dem Zinnkraut tragen auch die Sträucher und Kräuter ihren Teil zu diesem Hochfest bei. Das zentrale Bild ist: Tod und Wiederauferstehung des Lichts.

Die Wintersonnenwende 2016: vom 21. auf den 22.12.2016, der astronomische Wendepunkt ist am 21.12.2016 um 11:44 Uhr.

Auf einen Blick

Position auf dem Jahreskreisrad: Norden, zusammen mit dem Element Erde

Ereignis: Wintersonnenwende

Termin: 21.12.2016 um 11:44 Uhr

Gefeiert wird: Jul oder auch Alban Arthan

Qualität: ein Sonnenfest

Götter: Gaia, Ceridwen, Freyr, Frau Holle, die Nornen

Tierkreis: verbindet die Tierkreiszeichen Schütze und Steinbock

Planet: Saturn

Stein: Amethyst

Farbe: Schwarzgrün, Violett

Tier: Bär

Bäume: Tanne, Esche

Strauch: Mistel

Kraut: Zinnkraut

Bild: Tod und Wiederauferstehung des Lichts

Themen: still werden, das alte Lichtjahr verabschieden und das neue feiern, Einkehr, Innenschau und Erholung, die Seele baumeln lassen, Loslassen, Raum für Neues zulassen, jedoch ohne Erwartungen und treibende Energie

Ausgleich/Regulation

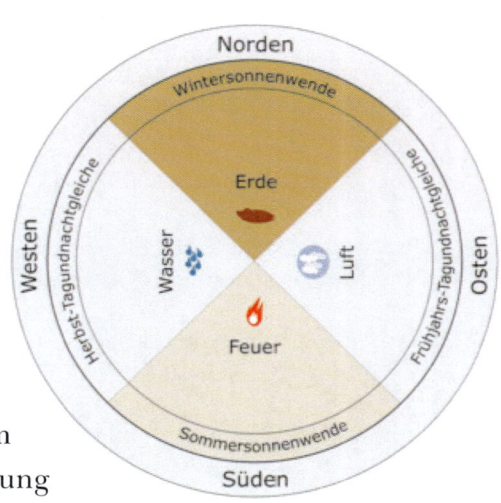

Gegenüber dem Julfest liegt auf dem Rad des Jahreskreises zusammen mit dem Element Feuer im Süden das *Lithafest* oder *Alban Hefin*, die Sommersonnenwende, auch Johanni genannt. Das Lithafest kennzeichnet den längsten Tag beziehungsweise die kürzeste Nacht des Jahres, es ist der Höhepunkt des Lichtes und zugleich dessen beginnender Tod. Auch hierin ist es der Ausgleich zu Jul, denn unbegrenztes Wachstum gibt es ebenso wenig wie einen endgültigen Tod. Bewegung und Transformation, Wärme, Aktivität, Flexibilität, Leben und Lebensfreude, Fülle und Überfluss an Frischem stehen der Fülle und Überfluss an haltbar Gemachtem und dem Rückzug und der Innenschau gegenüber. Litha ist somit der zwar andersartige, aber doch gleichwertige und damit ausgleichende Pol des Julfestes. Es zeigt uns, worauf wir uns wieder freuen können und wofür wir uns nun so richtig erholen und Kraft schöpfen sollten. Bald geht es in die Planung und Vorbereitung für diese sommerliche Hochzeit. Je besser diese ausfallen soll, umso ausgiebiger sollten wir die Ruhe genießen und für uns nutzen, denn die Anstrengungen und Strapazen des letzten Jahres sind noch gut in Erinnerung. All das, was wir ab Jul bis hin zu Ostara zu uns nehmen, stand zu Litha in Wachstum und Blüte. Wie gut wir in den nächsten Winter gehen können, hängt davon ab, wie gut wir uns in diesem regenerieren und zu uns finden, denn auch Litha und damit die Fülle und Ernte hängen genau davon ab.

Was wir nicht tun sollten

Ab der Wintersonnenwende bis zur Wintermitte, also vom Julfest bis Imbolc, sollten wir weder neue Projekte starten noch uns ernsthaft Gedanken um Dinge außerhalb von uns selbst machen, keine anstrengenden oder stressigen Freizeitaktivitäten suchen, nicht die Nächte durchfeiern oder gar durcharbeiten, nichts Neues beginnen, außer lose und unverbindlich in Gedanken damit zu spielen.

!
Auf der nächsten Seite sind, wie bei jedem anderen Jahreskreisfest hier im Buch auch, die einzelnen Punkte aufgelistet, an denen Du Dich orientieren kannst, um auf den danach folgenden drei leeren Seiten Deine Gedanken, Vorstellungen, Wünsche zum Zeitpunkt des Jahreskreisfestes zu notieren. Die folgenden Punkte sollen Dir helfen, dieses beziehungsweise jedes andere Jahreskreisfest und seine Energien für Dich nutzen zu können. Sie sind nur Hilfen und nicht bindend, Du kannst es auch auf Deine ganz eigene Weise bearbeiten und auf den leeren Seiten für Dich dokumentieren. Fasse Dich kurz, und wenn der Platz doch nicht ausreichend ist, dann schreibe weiteres auf ein Extrablatt und lege es an entsprechender Stelle ein. Wenn Du einen Punkt nicht bearbeiten kannst oder möchtest, dann lass ihn aus, notiere aber, warum Du auf diesen nicht eingegangen bist, damit Du später weißt, warum dieser ausgelassen wurde.

○ Kurze Einschätzung der allgemeinen Lage (Politik, Wirtschaft, Gesellschaft usw.), möglichst neutral schreiben.

○ Beschreibe kurz, wie es Dir gerade ganz persönlich geht; bitte schließe Deine seelische, körperliche, geistige, zwischenmenschliche und berufungsmäßige Situation und Befindlichkeit ein.

○ Prüfe die Aspekte der aktuellen Hochzeit, die besonders treffend für Deine derzeitige Situation sind, die Dich besonders ansprechen und notiere diese.

○ Prüfe die Aspekte der aktuellen Hochzeit, welche Dich derzeit am wenigsten ansprechen, zu denen Du momentan keinen Zugang hast und notiere Dir auch diese.

○ Beschäftige Dich eingehender mit den Aspekten, welche besonders auf Deine derzeitige Situation zutreffen, arbeite das Wesentliche heraus und ziehe ein Resümee.

○ Beschäftige Dich eingehender mit den Aspekten, zu denen Du momentan keinen Zugang hast, arbeite das Wesentliche heraus und resümiere.

○ Nimm nun beide Resümees, stelle sie gegenüber und arbeite das heraus, was deren scheinbarer Gegensatz Dir zeigen kann.

○ Halte den aktuellen Status Deiner Projekte fest. Bei mehreren Projekten gehst Du auf jedes einzelne ein und ziehst am Ende ein Resümee, wie Du den Stand der Projekte als Ganzes siehst. Schau Dir dann auch an, was Du daraus für Schlüsse ziehen kannst, was Du zukünftig möglicherweise zu Deinen Gunsten verändern oder anders entscheiden kannst.

○ Notiere die momentan deutlichste Vision eines aus Deiner Sicht für Dich besseren Lebens.

○ Fasse aus allen Punkten die darin vorhandenen Ängste wie auch Kraftquellen und Aspekte wie Erfolg, Freude und Herzensangelegenheiten zusammen und trage sie in die nachfolgende Tabelle (destruktiv/konstruktiv) ein.

○ Schreibe ein zusammenfassendes »Schlusswort«, in dem Du das Wichtigste auf den Punkt bringst.

destruktiv (schöpfunsgwidrig)	konstruktiv (schöpfungskonform)

Die Rauhnächte

Vom 21.12. um 11:44Uhr bis 29.12.2016 um 07:54 Uhr, in diesem Zeitraum liegen die diesjährigen Rauhnächte. Sie beginnen genau mit Jul, der Wintersonnenwende, dem Tod und der
Wiedergeburt des Sonnenjahres. Damit besteht nun bis zu ihrem Ende kein Jahreskreis, es ist
die Zeit zwischen den Jahren, dem Sonnenjahr und dem Mondjahr, das mit dem Neumond am
29.12.2016 um 07:54Uhr beginnt. Ab diesem Zeitpunkt, der auch gleichzeitig das Ende der Raunächte ist, beginnt der neue Jahreskreis, denn nun ist er wieder komplett, bestehend aus
Sonnenjahr und Mondjahr. Da im Kalenderjahr 2017 die Raunächte vier Tage vor Jul beginnen,
ist der Jahreskreis 2016/2017 um 13 Tage kürzer am das Kalenderjahr, also statt 364 Tage nur
351 Tage. Der zu Jul 2016 auslaufende Jahreskreis mit seinen vollen 364 Tagen war ein besonderer – und so besonnen sollte er auch abgeschlossen worden sein.

Die Zeit zwischen den Jahren und zwischen den Welten: das sind die Rauhnächte! Sie sind, wenn
wir sie richtig verstehen und sie zur richtigen Zeit in den Tagesablauf einbinden, eine tatsächliche
Zwischenzeit. Sie liegt nicht nur zwischen der Wintersonnenwende und dem ihr am nächsten
liegenden Schwarzmond, also der energetisch schwächsten Zeit von Sonne und Mond, die unsere
Lebens- und alltäglichen Rhythmen sowie Zyklen steuern, sondern aufgrund dieses Energiemi-
nimums ist auch das »Tor zwischen den Welten« leicht durchdringbar; die Andersweltlichen können in dieser Zeit ebenso leicht in unsere Welt reisen wie wir in deren. Nach altem germanischem
Glauben fegt während der Rauhnächte Odin (Wodan) mit seinem wilden Heer übers Land und
nimmt jeden mit, der sich im Freien aufhält. Während der Rauhnächte sollten auch keine Wäsche
im Freien aufgehängt oder Seile gespannt sein, damit sich die wilden Horden nicht in ihnen ver-
fangen und Unheil über den Hof bringen. In unserem Alltagsbewusstsein sind wir in der Regel
getrennt von »den anderen Welten«, der Welt in uns, auch dem Teil der realen Welt, die wir mit
unseren wenigen und zudem noch verkümmerten Sinnen nicht mehr wahrnehmen, und der
Anderswelt. Dabei gehört die Anderswelt, also jene, die unseren Sinnen verschlossen wurde,
ebenso zu der »realen Welt« wie unsere Innenwelt, sie ist deren fester, untrennbarer Bestandteil.
Weit vor der christlichen Zeitrechnung wussten frühere Kulturen, dass diese drei Welten, All-
tagswelt, Innenwelt und Anderswelt eins sind, besser gesagt gab es für sie keine Trennung zwischen diesen, alles war eins. Die bis heute noch bestehende Symbolik alter Kulturen zeigt uns
nicht nur deren hohen Bewusstseinsstand, sondern auch, dass wir Menschen nur in dieser Ein-
heit unser schöpferisches Potential nutzen können, so wie es einmal war und wie wir es wieder
erreichen können. Und um die Auflösung der Trennung von Alltags-, Innen- und Anderswelt
können wir uns während der Rauhnächte bemühen, und unabhängig von diesen sollten wir
daran arbeiten, dass dieses Nebeneinander der Welten in unserer Realität stetig weniger wird
und sich unsere Wahrnehmung zunehmend erweitert. Durch Ritualarbeit, Meditation und an-
deres zielgerichtetes Arbeiten an diesen Themen können wir dem nicht nur in den Rauhnächten
wieder echte und nicht nur symbolische Bedeutung zukommen lassen, wir können in erster Linie
uns und unserer Entwicklung einen großen Vorschub leisten.
Zu einer zielgerichteten Arbeit während der Rauhnächte gehört es, jene Dinge zu suchen, in Erinnerung zu rufen und wahrzunehmen, die wir im zurückliegenden Jahr über nicht sehen wollten oder konnten, auf die vielleicht andere uns aufmerksam machten, wir es aber nicht hören

oder sehen wollten. Auch das vergangene Jahr als Ganzes Revue passieren zu lassen, was erledigt wurde, abzuschließen, und was noch offen ist, zum Abschluss zu bringen, auch wenn es nur ein Zwischenabschluss ist, uns von allem zu trennen, was nicht in das nächste Jahr mitgenommen werden kann, soll oder will, gehört zu dieser Zeit der Reflektion. Somit sind die Rauhnächte mit sehr konkreten Aufgaben verbunden.

Einen sehr wesentlichen Beitrag hierfür leistet das rituelle Räuchern, und dies in dreifacher Hinsicht:

- Es hilft uns, so einiges klarer zu sehen und die Verbindung zwischen den Welten zu intensivieren, womit wir von da Hilfe erfahren und auch dort gespeicherte Informationen erreichen können.
- Es bestärkt das Loslassen und Reinigen der Dinge, die nun nicht mehr zu uns gehören.
- Es fördert, das in alle Welten hinauszutragen, was wir aus der Reflektion des Jahres gelernt, an Erkenntnissen, Einsichten und Veränderungen für das kommende Jahr festgehalten und was wir für dieses für Entscheidungen getroffen haben.

Neben der Analyse und der Reflektion des zurückliegenden Jahres ist es also ein sehr wichtiger Teil der Rauhnächtearbeit, zu konkreten Erkenntnissen zu kommen und ein klares Bild für das kommende Jahr zu bekommen. Allerdings sind keine Entschlüsse zu fassen, wie beispielsweise sechs Richtige im Lotto zu erzielen. Nein, es geht darum abzustecken, wie Du im nächsten Jahr als Mensch sein wirst, wie Du Deine Entscheidungen fällst, was Du für Ansprüche an Dich selbst hast, wie Du anderen Menschen begegnen und mit ihnen umgehen wirst, welchen Stellenwert Deine spirituelle Arbeit einnehmen wird, was Du für Dich selbst tun wirst, wie Du mit Deinem Umfeld und Deinen Projekten umgehst usw.

Auf einen Blick

Ereignis: Zeit zwischen Jul und dem diesem am nächsten stehenden Schwarzmond

Termin: 21.12. (11:44 Uhr) bis 29.12.2016 (07:54 Uhr)

Gefeiert wird: die Zeit zwischen den Jahren und Welten

Qualität: ein Mond- und Sonnenfest

Götter: Odin

Stein: Rauchquarze

Farbe: Grau (in verschiedenen Schattierungen)

Tiere: Bär, Eber, Rabe

Bäume: Eiche, Weide, Apfel

Sträucher: Hasel, Holunder, Schwarzdorn

Bild: die Vereinigung der drei Welten

Themen: Vereinigung der drei Welten, Abschluss des alten Jahreskreises und das Treffen von Entscheidungen für den neuen Jahreskreis, die einen als Mensch an sich betreffen.

Was wir nicht tun sollten

Über diese Zeit geschäftig hinwegzugehen, sollte tunlichst vermieden werden.

Das Imbolcfest

Mit Imbolc wird Mittwinter, also die Mitte der Winterzeit am 11.02.2017 um 01:33 Uhr, gefeiert, es liegt auf dem Jahreskreisrad im Nord-Osten, im Reich der Menschen. Es ist ein Mondfest und wird zum zweiten Vollmond nach dem Julfest gefeiert. Heute fällt das christliche Maria Lichtmess auf die Zeit des Imbolcfestes, es wird meist am ersten Februar-Wochenende (meist erster bis dritter Februar) begangen – wie auch bei allen anderen heidnischen Festen hat die christliche Kirche alte Jahreskreisfeste durch ihre Festtage ersetzt.

Zu Imbolc erreicht der Winter seinen Höhepunkt und wehrt sich mit den kältesten Temperaturen des Jahres gegen den unaufhaltsam Beginn des hellen Jahres, der mit Ostara und der Frühjahrstagundnachtgleiche seinen astronomischen Anfang hat. Unsere Vorfahren widmeten dieses Fest der Göttin Brigid, die den baldigen Frühling und damit das Ende der entbehrungsreichen Winterzeit bringen soll. Seinerzeit waren um Imbolc herum die angelegten Vorräte schon deutlich geschrumpft, und die eintönige Ernährung wurde ihnen mehr und mehr über. Damals wie heute ist es nun an der Zeit, nach den Wochen Innenschau und Ruhe langsam wieder ins Tun zu kommen und sich über die Vorbereitungen für die mit Ostara nahende Aussaat Gedanken zu machen – das gilt auch und vor allem im übertragenen Sinn. Doch vorher steht eine umfassende Bestandsaufnahme an, bei der alles zu prüfen, zu sortieren, zu reinigen und neu zu ordnen ist, damit für die helle Jahreshälfte alles bereit ist und besonders die Aussaht reibungslos vonstatten geht. Und hierfür benötigen wir Klarheit, Tiefe und Differenzierungsfähigkeit – so wie es uns die Natur in dieser Zeit sichtbar vormacht, denn ab und um Imbolc sorgen die tiefen Temperaturen für einen Blick wie er klarer zu keinem anderen Zeitpunkt im Jahr ist, die Welt ist unglaublich transparent und wir können so weit über das Land blicken, so tief in die Wälder, wie an diesen Tagen und mit diesen Bedingungen. Das vorherrschende Schwarz-Weiß sorgt für hohe Brillanz und scharfe Konturen, alles tritt klarer hervor. Die Natur selbst zeigt uns also, was nun angesagt ist. Die kommenden drei bis vier Wochen gilt es für uns, das eigene Leben und alles um uns herum zu betrachten, sein Wert für uns zu klassifizieren und sich von allem, was sich dabei als Ballast herausstellt, zu trennen.

Astrologisch gesehen liegt Imbolc im Tierkreiszeichen Wassermann und wird vom Uranus begleitet. Aus dem Reich der Steine ist ihm der Bergkristall zugeordnet, weshalb natürlich die Farben Weiß und Türkis genau die richtige Wahl sind. Aus dem Reich der Tiere ist es der Schwan, der diese Zeit symbolisiert, aus dem Reich der Bäume ist es die Birke. Bei den Sträuchern ist der Hasel der passende Bote für dieses Fest und bei den Kräutern sind es Beifuß und Lavendel.

Auf einen Blick

Position auf dem Jahreskreisrad: Nord-Osten und das Reich der Menschen

Ereignis: Mittwinter

Termin: 11.02.2017 um 01:33 Uhr

Gefeiert wird: Imbolc oder Lichtmess

Qualität: ein Mondfest

Götter: Brigid

Tierkreis: Wassermann

Planet: Uranus

Stein: Bergkristall

Farbe: Weiß, Türkis

Tier: Schwan

Baum: Birke

Strauch: Hasel

Kraut: Beifuß, Lavendel

Bild: das Wachsen des Lichtes und des Lebensfunkens

Themen: Betrachtung, Prüfung, Reinigung, Entrümpelung, Vorbereitung auf die helle Jahreszeit, Aufbruchstimmung

Ausgleich/Regulation

Lughnasad oder Lammas, auch Schnitterfest oder Kräuterweih genannt, womit das Ende des Wachstums und der Beginn der großen Erntezeit gekennzeichnet werden, liegt im Jahreskreis dem Lichterfest Imbolc genau gegenüber und somit die kälteste Zeit im Jahr der heißestens, der Stillstand alles Lebendigen der Reife und Selbstaussaat der Pflanzen. Mit Entschlossenheit und gleichzeitig mit Achtsamkeit werden zu Lughnasad das Getreide sowie die wichtigsten und heilkräftigsten Kräuter des Jahres geerntet, die hoffentlich bis mindestens Imbolc reichen werden, der Zeit, in der der man sich auf Kommendes vorbereitet und die Grundlagen für die Ernte legt. Lughnasad und Imbolc sind Mondfest und mit ihnen liegen sich auf dem Jahreskreiskreis das Reich der Pflanzen, welche den Menschen helfen, sich zu ernähren sowie seine Potentiale zu entdecken und sich zu entfalten, und das Reich der Menschen, die alles planen und konzeptionell vordenken, genau gegenüber. Das Pflanzenreich kann die Handlungen des Menschen wider die Natur mehr oder weniger ausgleichen und heilen. – Lughnasad ist der passende regulierende Pol zu Imbolc.

Was wir nicht tun sollten

Da wir ab der Wintermitte, also dem Imbolc-Fest, langsam anfangen, uns ernsthaft Gedanken um Dinge zu machen, welche für uns selbst in der kommenden hellen Jahreshälfte von Bedeutung sind, dürfen wir nicht in der Lethargie der Innenschau verbleiben, aber auch nicht überaktiv loslegen oder unbedachte Aktionen starten.

○ Kurze Einschätzung der allgemeinen Lage (Politik, Wirtschaft, Gesellschaft usw.), möglichst neutral schreiben.

○ Beschreibe kurz, wie es Dir gerade ganz persönlich geht; bitte schließe Deine seelische, körperliche, geistige, zwischenmenschliche und berufungsmäßige Situation und Befindlichkeit ein.

○ Prüfe die Aspekte der aktuellen Hochzeit, die besonders treffend für Deine derzeitige Situation sind, die Dich besonders ansprechen und notiere diese.

○ Prüfe die Aspekte der aktuellen Hochzeit, welche Dich derzeit am wenigsten ansprechen, zu denen Du momentan keinen Zugang hast und notiere Dir auch diese.

○ Beschäftige Dich eingehender mit den Aspekten, welche besonders auf Deine derzeitige Situation zutreffen, arbeite das Wesentliche heraus und ziehe ein Resümee.

○ Beschäftige Dich eingehender mit den Aspekten, zu denen Du momentan keinen Zugang hast, arbeite das Wesentliche heraus und resümiere.

○ Nimm nun beide Resümees, stelle sie gegenüber und arbeite das heraus, was deren scheinbarer Gegensatz Dir zeigen kann.

○ Halte den aktuellen Status Deiner Projekte fest. Bei mehreren Projekten gehst Du auf jedes einzelne ein und ziehst am Ende ein Resümee, wie Du den Stand der Projekte als Ganzes siehst. Schau Dir dann auch an, was Du daraus für Schlüsse ziehen kannst, was Du zukünftig möglicherweise zu Deinen Gunsten verändern oder anders entscheiden kannst.

○ Notiere die momentan deutlichste Vision eines aus Deiner Sicht für Dich besseren Lebens.

○ Fasse aus allen Punkten die darin vorhandenen Ängste wie auch Kraftquellen und Aspekte wie Erfolg, Freude und Herzensangelegenheiten zusammen und trage sie in die nachfolgende Tabelle (destruktiv/konstruktiv) ein.

○ Schreibe ein zusammenfassendes »Schlusswort«, in dem Du das Wichtigste auf den Punkt bringst.

destruktiv (schöpfunsgwidrig)	konstruktiv (schöpfungskonform)

Das Imbolcfest

Das Ostarafest

Dieses Sonnenfest, das in diesem Jahr am 20.03.2017 um 11:29 Uhr begangen wird, hat den astronomischen Bezug zur Frühjahrstagundnachtgleiche, also den kurzen Zeitraum, in dem Tag und Nacht gleich lang sind. Auf dem Jahreskreisrad liegt Ostara im Osten, dort, wo alles beginnt, wo alles seinen Anfang nimmt. Dieses Jahreskreisfest weihten unsere Vorfahren den Göttern Brigid, Baldur und Ostara, welche durch die anstehende helle Jahreszeit, durch die Zeit des Pflügens, des Aussäens, Pflegens und Erntens führen.

Wir können ab jetzt die ersten richtigen Sonnentage und die frischen Kräuter genießen, der Winter ist vorbei, auch wenn es ab und an noch einmal etwas kühl, aber nicht wirklich kalt werden kann. Die dicke und gefütterte Winterkleidung, der lange Mantel und der schwere Umhang, kann nun langsam der leichteren Kleidung aus Hanf, Leinen und Baumwolle weichen. Wir erfreuen uns an der zunehmend grüner werdenden Landschaft und den ersten zarten Blüten. Die vor kurzem noch transparente Welt, die den Blick ungehindert durch Büsche, tief in Wälder und weit über das Land streifen ließ, wird nun mehr und mehr dichter. Die Welt und das Leben kommen uns immer näher, die Wachstumskräfte sind nicht mehr zu ignorieren und werden mit jedem länger werdenden Tag stärker. Alles, was uns nun aufhält und uns daran hindert, mit diesen Wirkkräften mitzuhalten, wird schnellstens entsorgt und beseitigt – und nicht nur das: Mit den nun wieder verfügbaren frischen Kräutern reinigen wir uns selbst bis in jede Zelle hinein und machen uns fit für die Aussaat und deren Pflege. Je konsequenter wir mit unserem Wirken von Imbolc bis Ostara waren, umso besser kommen wir nun in Fahrt und können wir die Wochen bis Beltane nutzen. Unser jetziger Start bestimmt direkt die spätere Ernte, also Ranklotzen und Gasgeben ist nach einer gründlichen Reinigung das, was nun angesagt ist. Nun ist es der richtige Zeitpunkt, unsere Projekte von der Konzeption in die reale Umsetzung zu bringen und dafür die Energie und Qualität dieser Zeit des Aufbruchs zu nutzen. Die Kraft, Unbeirrbarkeit und Konsequenz des Widders unterstützt uns dabei ebenso wie die Kraft der Sonne und der länger werdenden Tage

Ostara verbindet die Tierkreiszeichen Fische und Widder, oder anders gesagt: mit Ostara endet die Fischezeit und die Widderzeit beginnt. Ostara liegt auf dem Jahreskreisrad im Osten und ist geprägt vom Element Luft. Astrologisch ist diesem Fest der Planet Neptun zugeordnet, aus dem Reich der Steine ist ihm der Calcit zugehörig, aus dem Reich der Tiere die Amsel und der Hase, aus dem großen Reich der Pflanzen die Bäume Weide und die Buche sowie die Kräuter Wermut und Brennnessel. Die dieses Fest symbolisierende geometrische Form mit entsprechender Farbe ist ein gelbes gleichschenkliges Dreieck. Das zusammenfassende Bild für diese Zeit ist: der Frühlingsbeginn, das Aufbrechen der Natur und der Fruchtbarkeit sowie das Aktivwerden. Die nun aufkommenden und anzupackenden Themen sind »innere« Reinigung und Stärkung (mit den frischen Frühjahrskräutern), nochmaliges richtiges Kräftesammeln für das bevorstehende helle Halbjahr, dienlich hierfür sind vor allem lange Spaziergänge in der aufbrechenden Natur. Es gilt, das Alltagsbewusstsein wieder zu erweitern und den Blick für die alltäglichen Möglichkeiten zu schärfen, um für die aufstrebenden Lebenskräfte sowie die Aussaat der eigenen Konzepte und Pläne die bestmögliche Klarheit und Umsetzungskraft zu erlangen.

Auf einen Blick

Position auf dem Jahreskreisrad: Der Osten und das Element Luft

Ereignis: Frühjahrstagundnachtgleiche (2016 astronomisch am 20. März, um 05:30 Uhr)

Termin: 20.03.2017 um 11:29 Uhr

Gefeiert wird: Ostara

Qualität: ein Sonnenfest

Götter: Brigid, Baldur, Ostara

Tierkreis: verbindet die Tierkreiszeichen Fische und Widder

Planet: Neptun

Stein: Calcit

Farbe: Gelb

Tier: Amsel, Hase

Baum: Weide, Buche

Kraut: Wermut, Brennnessel

Bild: Frühlingsbeginn und das Aufbrechen der Natur und der Fruchtbarkeit

Themen: innere Reinigung und Stärkung mit den frischen Frühjahrskräutern, Kräftesammeln für das bevorstehende helle Halbjahr, lange Spaziergänge

Ausgleich/Regulation

Dem Ostara-Fest genau gegenüber liegt das Mabonfest oder Alban Elfed, die Herbsttagundnachtgleiche, es ist der Höhepunkt der Erntezeit.
Gesundheit, Ordnung, Sorgfalt, Fleiß, Perfektion
und Zuverlässigkeit haben zu dieser Zeit ihre Bedeutung. Die Ernte des Jahres wird nicht nur eingeholt,
sondern auch verarbeitet und Werte daraus geschaffen. Es geht um nichts weniger, als sich auf die lange
Winterzeit und einen guten Start in die nächste helle Jahreszeit zu Ostara vorzubereiten. Während um das Mabonfest
alles in größter Fülle und Überfluss vorhanden ist, hat zu Ostara der Mangel des auslaufenden Winters gerade seinen Höhepunkt überschritten und weicht so langsam.
Wie dieses Ende des Winters ausschaut, liegt daran, was zum letzten Mabon eingebracht wurde,
wie gut die letzte Ernte war und was in dieser Zeit geschaffen wurde, ob die Vorräte ausreichten
beziehungsweise richtig verarbeitet wurden, und umgekehrt macht sich in der Herbstzeit deutlich
bemerkbar, wie gut im vorangegangenen Frühjahr gearbeitet wurde. Auch mit Mabon und
Ostara sehen wir eine kraftvolle Polarität wirken.

Was wir nicht tun sollten

Ab Ostara sollten wir uns nicht länger der Gemütlichkeit, der Beschaulichkeit und der Lethargie
der kalten Jahreszeit hingeben und sie schnellstens abschütteln, wir sollten auch nicht länger an
konzeptionellen Projekten herumbasteln, sondern zusehen, dass wir sie in die reale Umsetzung
bringen. Keine Zeit mehr mit Untätigkeit und Rumprobieren verschwenden, sondern TUN, das
ist die Devise.

○ Kurze Einschätzung der allgemeinen Lage (Politik, Wirtschaft, Gesellschaft usw.), möglichst neutral schreiben.

○ Beschreibe kurz, wie es Dir gerade ganz persönlich geht; bitte schließe Deine seelische, körperliche, geistige, zwischenmenschliche und berufungsmäßige Situation und Befindlichkeit ein.

○ Prüfe die Aspekte der aktuellen Hochzeit, die besonders treffend für Deine derzeitige Situation sind, die Dich besonders ansprechen und notiere diese.

○ Prüfe die Aspekte der aktuellen Hochzeit, welche Dich derzeit am wenigsten ansprechen, zu denen Du momentan keinen Zugang hast und notiere Dir auch diese.

○ Beschäftige Dich eingehender mit den Aspekten, welche besonders auf Deine derzeitige Situation zutreffen, arbeite das Wesentliche heraus und ziehe ein Resümee.

○ Beschäftige Dich eingehender mit den Aspekten, zu denen Du momentan keinen Zugang hast, arbeite das Wesentliche heraus und resümiere.

○ Nimm nun beide Resümees, stelle sie gegenüber und arbeite das heraus, was deren scheinbarer Gegensatz Dir zeigen kann.

○ Halte den aktuellen Status Deiner Projekte fest. Bei mehreren Projekten gehst Du auf jedes einzelne ein und ziehst am Ende ein Resümee, wie Du den Stand der Projekte als Ganzes siehst. Schau Dir dann auch an, was Du daraus für Schlüsse ziehen kannst, was Du zukünftig möglicherweise zu Deinen Gunsten verändern oder anders entscheiden kannst.

○ Notiere die momentan deutlichste Vision eines aus Deiner Sicht für Dich besseren Lebens.

○ Fasse aus allen Punkten die darin vorhandenen Ängste wie auch Kraftquellen und Aspekte wie Erfolg, Freude und Herzensangelegenheiten zusammen und trage sie in die nachfolgende Tabelle (destruktiv/konstruktiv) ein.

○ Schreibe ein zusammenfassendes »Schlusswort«, in dem Du das Wichtigste auf den Punkt bringst.

destruktiv (schöpfunsgwidrig)	konstruktiv (schöpfungskonform)

Das Beltanefest

In die Frühlingsmitte am 10.05.2017 um 23:44 Uhr fällt Beltane, dieses Fest wird naturgemäß zum zweiten Vollmond nach Ostara beziehungsweise dem fünften Vollmond nach Jul gefeiert. Auf dem Jahreskreisrad liegt Beltane im Süd-Osten, wo sich auch das Reich der Tiere befindet. Ab und um Beltane werden auch die meisten Tiere geboren, und unsere Vorfahren trieben nun allerspätestens in dieser Zeit die Stalltiere auf die Weiden oder Almen. Daher rührt auch der Brauch, zu Beltane zwischen zwei Feuern hindurchzugehen, denn dies taten unsere Vorfahren selbst und führten auch ihre Tiere mit hindurch. Durch das Hindurchgehen zwischen den Feuern sollten alle schlechten Energien und Anhaftungen verbrannt werden, frei und rein sollte die Zeit des Wachstums begangen und gefeiert werden.

Nachdem die Aussaat erledigt und achtsam gepflegt wurde, explodieren nun die Samen, Knollen und Wurzeln und treiben üppig aus; im übertragenen Sinne betrifft dies auch unsere Vorhaben und Projekte, die wir vor wenigen Wochen begannen. Es darf nun keinesfalls nachgelassen werden, die Dinge, die wir ausgebracht haben, voranzutreiben und zu pflegen, die weiterhin immer länger werdenden Tage wollen genutzt werden. Leichtigkeit und Wachstumsenergie sind überall im Überfluss vorhanden: im Wasser, in der Luft, im Boden, in den Tieren und Pflanzen. Allem steht der Sinn nach Vereinigung und Fortpflanzung, nach Wachstum und freier Entfaltung. Das betrifft natürlich auch uns Menschen, unsere Ziele und Wünsche, soweit wir diese gut vorbereitet, ausgesät und unterstützt haben. Zu Beltane gibt es wieder einiges frisches Gemüse und Kräuter aus der Region, der Speiseplan kann nun leichter, vielseitiger und vor allem mit auch Frischem gestaltet werden. Unsere Kleidung ist nun leicht und locker, unsere Haut sehnt sich nach der Sonne, will sich zeigen und gesehen werden.

Zu Beltane sind die Schleier zwischen den Welten besonders dünn, die Andersweltlichen haben es leicht, in unsere Welt zu kommen, was natürlich auch umgekehrt so ist. Deshalb sind die alltäglichen Regeln und Gesetze nun für kurze Zeit aufgehoben. Und wer kann schon sagen, ob er in der Beltane-Nacht nicht doch mit Andersweltlichen ausgelassen gefeiert und sich dabei vergessen hat, hier oder in der Anderswelt? Deshalb galten Kinder, die zu dieser Zeit gezeugt wurden, bei unseren Vorfahren als etwas Besonderes.

Beltane ist eines der vier Mondfeste und wird zu Ehren der Großen Mutter, der Göttinnen Venus, Flora und Astarte gefeiert. Es liegt in der Mitte des Tierkreiszeichens Stier und hat als Planetenkraft die Venus. Von den erdgebundenen Aspekten wird ihm als Stein der Malachit zugeordnet, aus dem Reich der Pflanzen der Apfelbaum und die Linde sowie die Kräuter Frauenmantel und Ysop, aus dem Reich der Tiere der Pfau und der Hirsch. Die Farben dieses Festes sind Orangerot und Grün. Die typischen Beltane-Themen sind: ungehemmte Lebenslust, ausgelassenes Feiern, alles ist erlaubt, solange es keinem schadet, Schelmerei und Schabernack sind angesagt, die Regeln und Gesetze sind an diesem Tag aufgehoben.

Auf einen Blick

Position auf dem Jahreskreisrad: Süd-Osten und das Reich der Tiere

Ereignis: 10.05.2017 um 23:44 Uhr

Termin: 30. April auf 1. Mai; der Beltane-Vollmond im Jahr 2016 ist am 22. April um 07:25Uhr

Gefeiert wird: Beltane, auch als Walpurgis bekannt

Qualität: ein Mondfest

Götter: die Große Mutter, Venus, Flora, Astarte

Tierkreis: Stier

Planet: Venus

Stein: Malachit

Farben: Orangerot, Grün

Tiere: Pfau, Hirsch

Bäume: Apfel, Linde

Kräuter: Frauenmantel, Ysop

Bild: die Natur und das Leben explodieren, alles gibt sich dem ungehemmten Wachstum hin

Themen: ungezügelte Lebenslust, ausgelassenes Feiern, die Regeln und Gesetze sind an diesem Tag aufgehoben: alles ist erlaubt, es darf jedoch niemandem Schaden nehmen

Ausgleich/Regulation

Beltane liegt als passender Pol Samhain oder Sam-
huinn genau gegenüber. Samhain, auch Allerheiligen, Allerseelen oder Totenklag genannt, ist das Fest
der Ahnen, unserer Ahnen. Zu dieser Zeit sind, wie
zu Beltane auch, die Schleier zwischen den Welten
besonders durchlässig, sowohl wir als auch unsere
Ahnen finden leicht den Weg auf die jeweils andere
Seite. Doch anstelle von überschwänglichen, lebenslus-
tigen und wachstumsorientierten Wesen kommen in diesen Tagen die Ahnen zu Besuch in unsere Welt. Auch wir
Lebenden haben es zu dieser Zeit leicht, in das Reich der Ahnen zu
gelangen, um mit ihnen in direkten Kontakt zu treten, mit ihnen ins Reine zu kommen, um alte
Verbindlichkeiten und längst Vergangenes zu lösen, sie um Unterstützung zu bitten und so einiges mehr. So wie zu Beltane das Leben mit maximaler Kraft in das Sein drängt und sich dabei
verausgabt, so zieht es sich ab Samhain wieder zurück, um sich zu erholen und für die nächste
Explosion des Lebens und der Vielfalt gerüstet zu sein. Der Überschwang des Lebens trifft zu
Beltane auf das Vermächtnis der Ahnen, beides gleicht sich aus und gibt einander den Raum,
den sie für gegenseitigen Austausch benötigen.

Was wir nicht tun sollten

Diese Energien, diese Begeisterung und Kreativität des Lebens an uns vorbeiziehen zu lassen,
unbeteiligt zu sein und den Strom des Lebens an uns vorübergehen lassen. Luftschlösser zu er-
sinnen und zu erbauen ist alles andere als angesagt.

○ Kurze Einschätzung der allgemeinen Lage (Politik, Wirtschaft, Gesellschaft usw.), möglichst neutral schreiben.

○ Beschreibe kurz, wie es Dir gerade ganz persönlich geht; bitte schließe Deine seelische, körperliche, geistige, zwischenmenschliche und berufungsmäßige Situation und Befindlichkeit ein.

○ Prüfe die Aspekte der aktuellen Hochzeit, die besonders treffend für Deine derzeitige Situation sind, die Dich besonders ansprechen und notiere diese.

○ Prüfe die Aspekte der aktuellen Hochzeit, welche Dich derzeit am wenigsten ansprechen, zu denen Du momentan keinen Zugang hast und notiere Dir auch diese.

○ Beschäftige Dich eingehender mit den Aspekten, welche besonders auf Deine derzeitige Situation zutreffen, arbeite das Wesentliche heraus und ziehe ein Resümee.

○ Beschäftige Dich eingehender mit den Aspekten, zu denen Du momentan keinen Zugang hast, arbeite das Wesentliche heraus und resümiere.

○ Nimm nun beide Resümees, stelle sie gegenüber und arbeite das heraus, was deren scheinbarer Gegensatz Dir zeigen kann.

○ Halte den aktuellen Status Deiner Projekte fest. Bei mehreren Projekten gehst Du auf jedes einzelne ein und ziehst am Ende ein Resümee, wie Du den Stand der Projekte als Ganzes siehst. Schau Dir dann auch an, was Du daraus für Schlüsse ziehen kannst, was Du zukünftig möglicherweise zu Deinen Gunsten verändern oder anders entscheiden kannst.

○ Notiere die momentan deutlichste Vision eines aus Deiner Sicht für Dich besseren Lebens.

○ Fasse aus allen Punkten die darin vorhandenen Ängste wie auch Kraftquellen und Aspekte wie Erfolg, Freude und Herzensangelegenheiten zusammen und trage sie in die nachfolgende Tabelle (destruktiv/konstruktiv) ein.

○ Schreibe ein zusammenfassendes »Schlusswort«, in dem Du das Wichtigste auf den Punkt bringst.

destruktiv (schöpfunsgwidrig)	konstruktiv (schöpfungskonform)

Das Lithafest

Litha am 21.06.2017 um 21:06 Uhr ist wieder ein Sonnenfest, es gehört neben der Wintersonnenwende und den beiden Tagundnachtgleichen zu den vier Hochfesten im Jahr. Die Sommersonnenwende hat keinen astronomisch festen Zeitpunkt, sondern liegt von Jahr zu Jahr unterschiedlich zwischen dem 21. und 23. Juni, mit ihr feiern wir den längsten Tag und die kürzeste Nacht. Auf dem Jahreskreisrad liegt Litha im Süden, zusammen mit dem Element Feuer, und das aus gutem Grund.

Das Litha-Fest wird auch »die große Hochzeit« genannt, denn es ist unzweifelhaft die höchste Zeit eines jeden Jahres hinsichtlich des Lebens und der extrinsischen, nach Entfaltung strebenden Energien. Es wurde von unseren Vorfahren als die große Hoch-Zeit der Götter Baldur und Frigg gefeiert, die uns Fruchtbarkeit und Wachstum bringen, es ist aber auch Anfang ihres langsamen Endes. Den Menschen ist nun ein Überfluss an frischen Lebensmitteln, an Kräutern, Früchten und Gemüse beschert. Die Tage sind scheinbar endlos lang, und die kurzen Nächte verhelfen nur zu dem nötgen Maß an Schlaf, um nur nichts vom Tag zu versäumen. Leichte und kurze Kleidung aus Hanf, Leinen, Flachs, feinster Baumwolle und Seide ist nun die bevorzugte Wahl. Die Natur wird genossen und die langen Abende für Gemeinschaft und geselliges Beisammensein genutzt. Sport, Reisen, Zelten und im Freien schlafen sind angesagt. Frische und Überfluss treffen auf Leichtigkeit und Lebensfreude. Alles scheint leichter von der Hand zu gehen, mehr Spaß zu machen und von ungewöhnlicher Kreativität getragen.

Zu diesem Zeitpunkt hat die Sonne ihren höchsten Stand im Jahreslauf, und bis heute spielt für die Rituale und Feste dieser Hochzeit das Feuer eine zentrale Rolle. Je nach Region und Tradition wird es neben ähnlichen Ritualen mit großen – und damit meine ich wirklich großen – Feuern begangen, mit Feuerrädern, die man die Hügel hinabrollt, mit brennenden Scheiben, die in die dunkle Nacht geschleudert werden. Es werden Sonnwendkränze aus Johanniskraut und Beifuß geflochten, Sommerkräuter gesammelt und die Leichtigkeit genossen. Es wird ausgelassen und zudem deutlich entspannter gefeiert als zu Beltane, denn jetzt ist man mitten im pulsierenden Leben, dessen Facettenreichtum man sich hingeben und genießen sollte. Das, was in den vorigen Monaten ausgesät und gepflegt wurde, ist nun im Reifen begriffen und benötigt etwas weniger Aufmerksamkeit als zuvor. Es bleibt neben der Arbeit reichlich Zeit, um die Sonne, den Sommer und all die Vielfalt zu genießen, die den Eindruck erweckt, als würde es nie mehr Mangel geben. Litha verbindet die Tierkreiszeichen Zwillinge und Krebs. Als Planeten sind diesem Hochfest der Merkur und der Mond zugeordnet. Aus dem Reich der Steine ist ihm die getrocknete Koralle (ein reines Kalkgebilde) zugeordnet, aus dem Reich der Tiere die Kuh und das Schwein, aus dem Reich der Pflanzen die Bäume Kastanie und Eiche sowie die Kräuter Johanniskraut und Melisse. Die beherrschende Farbe ist natürlich die des Südens: das Rot. Das zentrale Bild dieses Festes ist: der Höhepunkt des Lichtjahres und gleichzeitig der Beginn seines Sterbens. Die hauptsächlichen Themen um Litha sind: Genuss der frischen Beerenernte, die ganze Feuerkraft erleben und ausleben, aus dem Lebensfunken eine Lebensflamme entstehen lassen, Ausdehnung und Wachstum, mit Freunde das Litha-Feuer entzünden und/oder Sonnenräder von Bergen herabrollen, Beifuß- und Johanniskrautgürtel schnüren u. v. a. m.

Auf einen Blick

Position auf dem Jahreskreisrad: Der Süden und das Element Feuer

Ereignis: Sommersonnenwende

Termin: Litha am 21.06.2017 um 21:06 Uhr

Gefeiert wird: Litha oder Johanni

Qualität: Sonnenfest

Götter: Baldur und Frigg

Tierkreis: verbindet die Tierkreiszeichen Zwillinge und Krebs

Planeten: Merkur, Mond

Stein: Koralle

Farbe: Rot

Tiere: Kuh, Schwein

Bäume: Kastanie, Eiche

Kräuter: Johanniskraut, Melisse

Bild: der Höhepunkt des Lichtjahres und gleichzeitig der Beginn seines Sterbens

Themen: Genuss der frischen Beerenernte, die ganze Feuerkraft des Lebens genießen, Ausdehnung und Wachstum, Litha- oder Johannis-Feuer, Sonnenräder von Bergen herabrollen lassen, Beifußgürtel

Ausgleich/Regulation

Das Julfest oder Alban Arthan liegt im Norden des
Jahreskreisrades, zusammen mit dem Element Erde,
und somit dem Element Feuer und dem Litha-Fest
im Süden genau gegenüber. Während Litha die
Hochzeit des Lebens ist, beginnt mit Jul eine be-
schauliche Zeit, die geprägt ist von einer Rückbesinnung auf uns selbst und von Innenschau. Leben und
Sterben, Hochzeit des Lebens und physischer Tod sind
zwei Gegensatzpaare, die für Litha und Jul stehen und die
sich ausgleichen. Während zu Litha die äußeren Schätze im
Vordergrund stehen, sind es zu Jul die verborgenen inneren Schätze,
jene, die in uns liegen und darauf warten, geborgen zu werden. Wie Litha ist Jul die Zeit, in der
man sich mit Freunden trifft, mehr Zeit mit der Familie verbringt, jedoch weniger im Freien als
vielmehr in der Geborgenheit des Heims und am prasselnden Feuer des Kamins.

Was wir nicht tun sollten

Die Augen vor dem wahren Leben und dessen Leichtigkeit verschließen und uns selbst unnötigen
Druck machen. Vieles geschieht nun mit großer Leichtigkeit, das sollten wir für uns nutzen, ohne
daraus destruktiven Stress zu generieren.

Das Lithafest

○ Kurze Einschätzung der allgemeinen Lage (Politik, Wirtschaft, Gesellschaft usw.), möglichst neutral schreiben.

○ Beschreibe kurz, wie es Dir gerade ganz persönlich geht; bitte schließe Deine seelische, körperliche, geistige, zwischenmenschliche und berufungsmäßige Situation und Befindlichkeit ein.

○ Prüfe die Aspekte der aktuellen Hochzeit, die besonders treffend für Deine derzeitige Situation sind, die Dich besonders ansprechen und notiere diese.

○ Prüfe die Aspekte der aktuellen Hochzeit, welche Dich derzeit am wenigsten ansprechen, zu denen Du momentan keinen Zugang hast und notiere Dir auch diese.

○ Beschäftige Dich eingehender mit den Aspekten, welche besonders auf Deine derzeitige Situation zutreffen, arbeite das Wesentliche heraus und ziehe ein Resümee.

○ Beschäftige Dich eingehender mit den Aspekten, zu denen Du momentan keinen Zugang hast, arbeite das Wesentliche heraus und resümiere.

○ Nimm nun beide Resümees, stelle sie gegenüber und arbeite das heraus, was deren scheinbarer Gegensatz Dir zeigen kann.

○ Halte den aktuellen Status Deiner Projekte fest. Bei mehreren Projekten gehst Du auf jedes einzelne ein und ziehst am Ende ein Resümee, wie Du den Stand der Projekte als Ganzes siehst. Schau Dir dann auch an, was Du daraus für Schlüsse ziehen kannst, was Du zukünftig möglicherweise zu Deinen Gunsten verändern oder anders entscheiden kannst.

○ Notiere die momentan deutlichste Vision eines aus Deiner Sicht für Dich besseren Lebens.

○ Fasse aus allen Punkten die darin vorhandenen Ängste wie auch Kraftquellen und Aspekte wie Erfolg, Freude und Herzensangelegenheiten zusammen und trage sie in die nachfolgende Tabelle (destruktiv/konstruktiv) ein.

○ Schreibe ein zusammenfassendes »Schlusswort«, in dem Du das Wichtigste auf den Punkt bringst.

destruktiv (schöpfunsgwidrig)	konstruktiv (schöpfungskonform)

Das Lughnasadfest

Lughnasad oder Lamas am 07.08.2017 um 20:13 Uhr ist wieder ein Mondfest und wird zum zweiten Vollmond nach Litha gefeiert. Christliche Eiferer haben versucht, Litha mit dem Schnitterfest zu überdecken, das meist am 1. oder 2. August begangen wird, doch so leicht lassen wir uns nicht verwirren. Lughnasad liegt auf dem abendländischen Jahreskreisrad im Süd-Westen und damit im Reich der Pflanzen. Das Lughnasad-Fest leitet in der Regel die großen Ernten ein, vor allem die des Getreides und des Obstes. Es beginnen nun die wohl härtesten und arbeitsintensivsten Wochen des Jahres, zumindest war das bei unseren Vorfahren so. Aber auch bei den heutigen Landwirten, Obst- und Weinbauern ist dies noch so, denn der größte Teil der Ernten muss in den nächsten Wochen nicht nur eingeholt, sondern auch verarbeitet und haltbar gemacht werden. Aber nicht nur die großen Ernten des kultivierten Anbaus stehen nun an, sondern die gesamte Pflanzenwelt kommt nun zur Reife und bemüht sich, ihre Samen für das kommende Jahr auszusäen. Nicht nur auf den Feldern wird fleißig gearbeitet, der August ist der Monat der heilkräftigsten Kräuter, die bis zum nächsten Vollmond gesammelt werden müssen. Jetzt wird auch klar, weshalb zwischen Litha und Lughnasad etwas mehr Zeit für Müßiggang und Freizeitvergnügen war, denn nun werden alle Kräfte benötigt, um die Ernte jeglicher Art einzuholen.

Es ist die wahrhafte Mittsommerzeit, also die Mitte des Sommers, und obgleich das helle Halbjahr schon seit Litha im Rückgang begriffen ist, haben wir meist jetzt erst die heißeste Zeit des Jahres, entsprechend leicht ernähren und kleiden wir uns. Der Volksmund spricht von den »Hundstagen«, da es so heiß ist, dass sich kein Hund aus dem Schatten traut. Die Wärme, auch wenn sie manchmal sehr zu belasten scheint, schützt uns vor Verletzungen, sie hilft uns, das Maximum aus uns rauszuholen, uns aber auch schnell wieder zu erholen.

Unsere Ahnen ehrten mit diesem Fest die Götter Lugh, Baldur und Diana. Astrologisch gesehen liegt dieses Fest auf dem Höhepunkt des Tierkreiszeichens Löwe, und wie es sich für ein solches Feuerzeichen gehört, ist ihm der Planet Sonne zugeordnet. Entsprechend ist die vorherrschende Farbe das ganz dunkle Rot. Weitere Zuordnung sind: aus dem Reich der Steine der Hämatit, aus dem Reich der Tiere der Adler, aus dem Reich der Pflanzen die Sträucher Weißdorn und Wacholder sowie die Kräuter Salbei und Rosmarin. Das zu dieser Zeit passende Bild ist der Beginn der Getreideernte. Die vorherrschenden Themen sind das Ende des Wachstums, die ersten Ernten, die Reifung der wichtigsten Kräuter, der Anfang der Vorbereitungen auf das dunkle Halbjahr.

Auf einen Blick

Position auf dem Jahreskreisrad: Der Süd-Westen und das Reich der Pflanzen

Ereignis: Mittsommer

Termin: 07.08.2017 um 20:13 Uhr

Gefeiert wird: Lughnasad oder Lamas oder auch Schnitterfest

Qualität: ein Mondfest

Götter: Lugh, Baldur, Diana

Tierkreis: Löwe

Planet: Sonne

Stein: Hämatit

Farbe: Rotschwarz

Tier: Adler

Sträucher: Weißdorn, Wacholder

Kräuter: Salbei, Rosmarin

Bild: Anfang der Getreideernte

Themen: das Ende des Wachstums, die ersten Ernten beginnen, die wichtigsten Kräuter reifen und können geerntet werden, die Vorbereitungen für das dunkle Halbjahr stehen an

Ausgleich/Regulation

Mit Imbolc wird der Mittwinter gefeiert, es ist die
kälteste des ganzen Jahres, die der wärmsten um
Lughnasad gegenübersteht. Auf dem Rad des Jahreskreises liegt Imbolc im Nord-Osten, mitten im
Reich der Menschen. Ob die bisherigen jahreszeitlichen Bemühungen erfolgreich waren, wird sich nun
ab Lughnasad zeigen. Während es mit Imbolc für
uns Menschen langsam wieder Zeit wird, ins Tun zu
kommen und uns über die Vorbereitungen für die nahe
Aussaat Gedanken zu machen, gehen wir ab beziehungsweise
um Lughnasad an die Grenzen unserer Leistungsfähigkeit, um die
Ernte einzuholen. Kalt und heiß, Mangel und Überfluss, Vorbereitung und Ergebnis, Trägheit
und Vollgas, Werden und Sein stehen, wenn sorgsam mit den Qualitäten der Hochzeiten umge-
gangen wurde, im Ausgleich.

Was wir nicht tun sollten

Untätigkeit, Unentschlossenheit, Bequemlichkeit und Faulheit stehen in Opposition zu dem, was
jetzt angesagt und nötig ist, nämlich ranklotzen, um die Ernte, um die Früchte unserer Arbeit
einzuholen.

Das Lughnasadfest

○ Kurze Einschätzung der allgemeinen Lage (Politik, Wirtschaft, Gesellschaft usw.), möglichst neutral schreiben.

○ Beschreibe kurz, wie es Dir gerade ganz persönlich geht; bitte schließe Deine seelische, körperliche, geistige, zwischenmenschliche und berufungsmäßige Situation und Befindlichkeit ein.

○ Prüfe die Aspekte der aktuellen Hochzeit, die besonders treffend für Deine derzeitige Situation sind, die Dich besonders ansprechen und notiere diese.

○ Prüfe die Aspekte der aktuellen Hochzeit, welche Dich derzeit am wenigsten ansprechen, zu denen Du momentan keinen Zugang hast und notiere Dir auch diese.

○ Beschäftige Dich eingehender mit den Aspekten, welche besonders auf Deine derzeitige Situation zutreffen, arbeite das Wesentliche heraus und ziehe ein Resümee.

○ Beschäftige Dich eingehender mit den Aspekten, zu denen Du momentan keinen Zugang hast, arbeite das Wesentliche heraus und resümiere.

○ Nimm nun beide Resümees, stelle sie gegenüber und arbeite das heraus, was deren scheinbarer Gegensatz Dir zeigen kann.

○ Halte den aktuellen Status Deiner Projekte fest. Bei mehreren Projekten gehst Du auf jedes einzelne ein und ziehst am Ende ein Resümee, wie Du den Stand der Projekte als Ganzes siehst. Schau Dir dann auch an, was Du daraus für Schlüsse ziehen kannst, was Du zukünftig möglicherweise zu Deinen Gunsten verändern oder anders entscheiden kannst.

○ Notiere die momentan deutlichste Vision eines aus Deiner Sicht für Dich besseren Lebens.

○ Fasse aus allen Punkten die darin vorhandenen Ängste wie auch Kraftquellen und Aspekte wie Erfolg, Freude und Herzensangelegenheiten zusammen und trage sie in die nachfolgende Tabelle (destruktiv/konstruktiv) ein.

○ Schreibe ein zusammenfassendes »Schlusswort«, in dem Du das Wichtigste auf den Punkt bringst.

destruktiv (schöpfunsgwidrig)	konstruktiv (schöpfungskonform)

Das Mabonfest

Mabon am 22.09.2017 um 22:02 Uhr ist, wenn das Wetter den Jahreszeiten entsprechend mitgespielt hat, die echte, die wahre Zeit der Fülle und des Überflusses, denn der Großteil der Ernte ist nun eingebracht und noch frisch. Es sind die Tage um die Herbsttagundnachtgleiche, die von Jahr zu Jahr ein wenig anders, doch immer zwischen dem 21. und 23. September liegt. Auf dem Abendländischen Jahreskreisrad liegt Mabon im Westen, zusammen mit dem Element Wasser. Land auf Land ab werden nun die Erntedankfeste gefeiert, da der Großteil der Ernten eingeholt ist. Gerade die Wein- und Obsternten tragen mit den frisch angegorenen jungen Weinen, dem Raucher und Federweißer, wenn in Maßen genossen, zum Überschwang und zur Ausgelassenheit dieser Feste bei. Wer allerdings in seinem Sein nicht gefestigt ist, kann leicht von der »rechten Bahn« abkommen und kurzzeitig den Verführungen des Alkohols und des Überflusses erliegen, jedoch mit bösen Folgen. Für einige ist es deshalb die gefährlichste Zeit des Jahres, denn trotz der von Fülle gesegneten Feste gilt es weiterhin, die Resternten einzubringen, alles gut zu verarbeiten und alles haltbar zu machen. Die Arbeit wird vielleicht leichter, allerdings noch nicht wirklich weniger, ganz im Gegenteil. Die gesamte Ernte muss sorgsam geprüft, sortiert, abgewägt und bewertet werden. Von dem, was eingeholt wurde, muss abgeschätzt werden, was wie lange bevorratet wird, von dem Geernteten geht zudem die Aussaat für das kommende Frühjahr ab und ist zu sichern. Überschüsse wie auch Defizite sind sorgfältig festzuhalten, genau zu berechnen und ist festzustellen, was an Überschüssigem mit noch benötigten Dingen eingetauscht oder bezahlt werden kann. Hierfür ist bis Samhain Zeit, was bis dahin nicht erledigt wurde, ist dann auch nicht mehr zu schaffen. Wer also zwischen Mabon und Samhain zu viel Zeit auf den Festen verbringt, wird nicht nur im Winter, sondern sicher auch im Frühjahr seine Probleme bekommen. Die Zeit der Ernte und des Einbringens dessen, was im Frühjahr ausgebracht wurde, bezieht sich auch auf unseren heutigen Alltag und unsere Projekte. Und selbst wenn es bis hierher nicht besonders gut gelaufen ist, so ist zumindest das Wenige sorgsam einzubringen. Es sollte daher keine Energie dahingehen verschwendet werden, jetzt noch etwas neu zu starten, denn alle Energien stehen dem entgegen. Aus dem Wenigen das Beste zu machen, entspricht jedoch genau dieser Zeit.

Mabon ist als Tagundnachtgleiche wieder ein Sonnenfest, das unsere Vorfahren ihren Göttern Demeter und Herne widmeten. Im astrologischen Sinne verbindet Mabon die Tierkreiszeichen Jungfrau und Waage, das bedeutet, dass die Jungfrau-Zeit endet und die Waage-Zeit beginnt. Diesem Fest ist als Planet der Merkur zugeordnet und aus dem Reich der Steine der Lapislazuli, der auch anzeigt, dass die Farbe Blau nun die vorherrschende ist. Aus dem Reich der Tier ist die Schlange diesem Fest zugehörig, aus dem Reich der Pflanzen sind es die Bäume Walnuss und Quitte sowie die Kräuter Goldrute und Majoran. Das Bild, welches die Qualität dieser Zeit am besten wiedergibt, sind Fülle und Überfluss, volle Lager und Speicher.

Auf einen Blick

Position auf dem Jahreskreisrad: Der Westen und das Element Wasser

Ereignis: Herbsttagundnachtgleiche

Termin: 22.09.2017 um 22:02 Uhr

Gefeiert wird: Mabon oder Erntedank

Qualität: Sonnenfest

Götter: Demeter, Herne

Tierkreis: verbindet die Tierkreiszeichen Jungfrau und Waage

Planet: Merkur

Stein: Lapislazuli

Farbe: Blau

Tier: Schlange

Bäume: Walnuss, Quitte

Kräuter: Goldrute, Majoran

Bild: Fülle und Überfluss

Themen: die Ernte ist einzubringen, zu verarbeiten und Vorräte für den Winter anzulegen, es ist auch die Zeit, Fülle und Überfluss ausgiebig zu feiern, von allem gibt es jetzt genug und alles ist noch frisch, es bedeutet aber auch, darauf zu achten, dass über das Feiern die Vorbereitungen für den Winter nicht vergessen werden, denn das könnte schlimme Folgen haben

Ausgleich/Regulation

Der ausgleichende Pol Mabons ist Ostara; Zu beiden Ereignissen sind Tag und Nach gleichlang. Allerdings liegt Ostara mitten in der aufsteigenden Hälfte des Sonnenjahres, Mabon dagegen in der absteigenden, anstatt aufwärts und hin zu länger werdenden Tagen und kürzer werdenden Nächten bewegen wir uns nun in Richtung längerer Nächte und kürzerer Tage. Auch wenn wir das erst einmal als betrüblich wahrnehmen, so ist es doch nötig und sinnvoll, denn wir benötigen nun mehr Ruhe und Schlaf, um uns von der anstrengenden Erntezeit zu erholen. Das »Nun geht es los« findet im »Es ist geschafft« seinen Ausgleich.

Was wir nicht tun sollten

Faul und unaufmerksam sein, an Sorgfaltspflicht sollte es nicht mangeln, keine neuen Projekte beginnen oder sich von Luftschlössern vom Tun abhalten lassen.

Das Mabonfest

○ Kurze Einschätzung der allgemeinen Lage (Politik, Wirtschaft, Gesellschaft usw.), möglichst neutral schreiben.

○ Beschreibe kurz, wie es Dir gerade ganz persönlich geht; bitte schließe Deine seelische, körperliche, geistige, zwischenmenschliche und berufungsmäßige Situation und Befindlichkeit ein.

○ Prüfe die Aspekte der aktuellen Hochzeit, die besonders treffend für Deine derzeitige Situation sind, die Dich besonders ansprechen und notiere diese.

○ Prüfe die Aspekte der aktuellen Hochzeit, welche Dich derzeit am wenigsten ansprechen, zu denen Du momentan keinen Zugang hast und notiere Dir auch diese.

○ Beschäftige Dich eingehender mit den Aspekten, welche besonders auf Deine derzeitige Situation zutreffen, arbeite das Wesentliche heraus und ziehe ein Resümee.

○ Beschäftige Dich eingehender mit den Aspekten, zu denen Du momentan keinen Zugang hast, arbeite das Wesentliche heraus und resümiere.

○ Nimm nun beide Resümees, stelle sie gegenüber und arbeite das heraus, was deren scheinbarer Gegensatz Dir zeigen kann.

○ Halte den aktuellen Status Deiner Projekte fest. Bei mehreren Projekten gehst Du auf jedes einzelne ein und ziehst am Ende ein Resümee, wie Du den Stand der Projekte als Ganzes siehst. Schau Dir dann auch an, was Du daraus für Schlüsse ziehen kannst, was Du zukünftig möglicherweise zu Deinen Gunsten verändern oder anders entscheiden kannst.

○ Notiere die momentan deutlichste Vision eines aus Deiner Sicht für Dich besseren Lebens.

○ Fasse aus allen Punkten die darin vorhandenen Ängste wie auch Kraftquellen und Aspekte wie Erfolg, Freude und Herzensangelegenheiten zusammen und trage sie in die nachfolgende Tabelle (destruktiv/konstruktiv) ein.

○ Schreibe ein zusammenfassendes »Schlusswort«, in dem Du das Wichtigste auf den Punkt bringst.

destruktiv (schöpfunsgwidrig)	konstruktiv (schöpfungskonform)

Das Samhainfest

Samhain am 18.11.2017 um 12:43 Uhr markiert die Herbstmitte und liegt auf dem Jahreskreisrad im Nord-Westen, mitten im Reich der Ahnen. Ursprünglich, und so halten es noch heute viele, die sich mit den alten Pfaden beschäftigen, wurde das Ahnenfest zum zweiten Vollmond nach Mabon gefeiert. Für unsere keltischen Vorfahren war es der Jahreswechsel und der Beginn des dunklen Halbjahres. Allerdings ist dies für mich und viele andere nicht (mehr) ganz passend, und zwar aus mehreren Gründen: Zum einen ist die Energie des Vollmondes für eine Hochzeit des Vergehens und des Rückzugs nicht stimmig, zum anderen sind auch die jahreszeitlichen Veränderungen zu berücksichtigen, da die Jahreskreisfeste ja genau diese widerspiegeln sollen. Denn tatsächlich ist klimatisch gesehen der Herbst seit den 1950er Jahren um über 24 Tage länger geworden. Folgerichtig sollte sich auch die Zeit des Samhain-Festes verschieben. Dem trägt die Position des Schwarzmondes als »neue Samhain-Position« Rechnung und sorgt für die Übereinstimmung des Jahreskreises mit den tatsächlichen Ereignissen in der Natur. Für beinahe alle Menschen des westlichen Kulturkreises war, ist und bleibt Samhain, auch Allerheiligen, Allerseelen oder Totenklag genannt, das Fest unserer Ahnen. Zu dieser Zeit sind, wie auch zu Beltane, die Schleier zwischen den Welten besonders durchlässig, sowohl wir als auch unsere Ahnen finden leicht den Weg zur jeweils anderen Seite. Doch anstelle von lebenslustiger und wachstumsorientierten Wesen kommen in diesen Tagen die Ahnen zu Besuch in unsere Welt. Auch wir Lebenden haben es zu dieser Zeit leicht, in das Reich der Ahnen zu reisen, um mit ihnen in direkten Kontakt zu treten, mit ihnen ins Reine zu kommen, Vereinbartes und längst Vergangenes zu lösen, sie um Unterstützung zu bitten und so einiges mehr. Es ist eine wichtige Zeit für unsere Ahnen und noch mehr für uns Lebende, denn durch den engen Kontakt zu ihnen können wir vieles aus der Vergangenheit lernen, auf einen unendlichen Erfahrungsschatz zugreifen und dadurch bessere Entscheidungen für unser jetziges und zukünftiges Leben treffen. Unsere Ahnen sind jene, die vor uns waren, ohne die es uns nicht gäbe und deren Entwicklungslinien zu uns führen, die uns unsere ersten Selbstkonzepte mitgaben als wir Kinder waren. Der Kontakt zu unseren Ahnen und das Lernen aus der Vergangenheit geben uns die Chance, aus lange währenden Teufelskreisen auszusteigen und aufzuhören, immer wieder die gleichen Fehlentscheidungen zu treffen. Das Reich der Ahnen ist der Ort, an den auch wir einmal unwiderruflich gelangen werden, jeder zu seiner Zeit. Und so wie wir hoffen, dass nach unserer Zeit an uns gedacht wird, so sollten wir auch an unsere Ahnen denken.

Mit Samhain endet die Erntezeit, die gefüllten Lager werden verschlossen und winterfest gemacht. Alles, was noch auf den Feldern und in der Natur zu finden ist oder im Boden ruht, wird nicht mehr angerührt, es ist für die feinstofflichen Helfer und die Wildtiere, die ebenso eine harte Zeit vor sich haben. Zu Samhain schlachteten unsere Ahnen die Tiere, die nicht über den Winter gebracht werden konnten oder sollten, ihr Fleisch wurde für den Winter haltbar gemacht, damit sie es bis zum nächsten Beltanefest schaffen und das neue Leben begrüßen und feiern konnten.

Mit Samhain kehrt das erste Mal nach den anstrengenden Monaten etwas Ruhe ein, auch wenn es manchem vielleicht schwerfällt, das Tempo zu drosseln. So wie zu Beltane das Leben mit maximaler Kraft in das Sein drängt und sich dabei verausgabt, so zieht es sich ab Samhain wieder zurück, um sich zu erholen und Kraft zu sammeln, um für die nächste Explosion des Lebens und der Vielfalt gerüstet zu sein. Nicht ohne Grund endete für unsere keltischen Vorfahren zu Samhain das alte Jahr und das neue begann. Samhain war für sie ein derart wichtiges Fest, dass die christliche Kirche es gleich mit einer ganzen Reihe von Feiertagen »umzingelte«, beispielsweise Reformationstag, Allerheiligen und Allerseelen. Für unsere Vorfahren war Samhain das Fest ihrer Götter Hel und Hekate. Astrologisch gesehen sind Samhain dem Tierkreiszeichen Skorpion zugeordnet sowie der Pluto als Stern. Aus dem Reich der Steine ist der Obsidian erste Wahl und die Farbe Dunkelblau die passende. Als Vertreter des Tierreiches sind es der Rabe und der Wolf, die zu Samhain im Vordergrund stehen, aus dem Reich der Pflanzen die Bäume Eibe und Erle, der Strauch Efeu und was die Kräuter betrifft alle Nachtschattengewächse. Das zentrale Bild dieser Zeit sind die transparenten und durchlässigen Tore zwischen den Welten. Die zentralen Themen sind das Ahnenfest, Kontaktaufnahme mit den Ahnen und mit ihnen die noch offene Fragen klären, Auflösung und Zerfall, das Abschließen der letzten Wintervorbereitungen.

Auf einen Blick

Position auf dem Jahreskreisrad: der Nord-Westen und das Reich der Ahnen
Ereignis: Herbstmitte
Termin: 18.11.2017 um 12:43 Uhr
Gefeiert wird: Samhain oder Allerheiligen, Allerseelen
Qualität: Mondfest
Götter: Hel, Hekate
Tierkreis: Skorpion
Planet: Pluto
Stein: Obsidian
Farbe: Schwarzblau
Tiere: Rabe, Wolf
Bäume: Eibe, Erle
Strauch: Efeu
Kraut: Nachtschattengewächse
Das Bild: die Tore zwischen den Welten werden transparent und durchlässig
Themen: das Ahnenfest, Kontaktaufnahme mit den Ahnen, mit ihnen noch offene Fragen klären, es ist auch das Ende des fruchtbaren Jahres, die Tiere, die nicht über den Winter gebracht werden können oder sollen, werden geschlachtet, die letzten Wintervorbereitungen sollten abgeschlossen sein

Ausgleich/Regulation

Beltane ist der ausgleichende Pol zu Samhain. Loslassen und Rückzug stehen mit Lebenslust und
freier Entfaltung im Ausgleich, sie bedingen einander wie alle Positionen des Jahreskreis sich gegen-
seitig bedingen, sich stärken, ausgleichen und
aufeinander aufbauen, damit alle ihren Platz, ihren
Raum einnehmen können. So, und nur so, dreht sich
das ewige Rad des Jahreskreises. Zur Erinnerung: die
typischen Beltane-Themen sind ungehemmte Lebenslust,
ausgelassenes Feiern, die Regeln und Gesetze sind an diesem
Tagen und um diesem herum aufgehoben: alles ist erlaubt, es darf nur
niemandem schaden, Schelmerei und Schabernack sind angesagt.

Was wir nicht tun sollten

Vergessen runterzuschalten, die Schlagzahl hochhalten und uns gleich wieder in die nächsten
Aktivitäten/Projekte stürzen.

Das Samhainfest

○ Kurze Einschätzung der allgemeinen Lage (Politik, Wirtschaft, Gesellschaft usw.), möglichst neutral schreiben.

○ Beschreibe kurz, wie es Dir gerade ganz persönlich geht; bitte schließe Deine seelische, körperliche, geistige, zwischenmenschliche und berufungsmäßige Situation und Befindlichkeit ein.

○ Prüfe die Aspekte der aktuellen Hochzeit, die besonders treffend für Deine derzeitige Situation sind, die Dich besonders ansprechen und notiere diese.

○ Prüfe die Aspekte der aktuellen Hochzeit, welche Dich derzeit am wenigsten ansprechen, zu denen Du momentan keinen Zugang hast und notiere Dir auch diese.

○ Beschäftige Dich eingehender mit den Aspekten, welche besonders auf Deine derzeitige Situation zutreffen, arbeite das Wesentliche heraus und ziehe ein Resümee.

○ Beschäftige Dich eingehender mit den Aspekten, zu denen Du momentan keinen Zugang hast, arbeite das Wesentliche heraus und resümiere.

○ Nimm nun beide Resümees, stelle sie gegenüber und arbeite das heraus, was deren scheinbarer Gegensatz Dir zeigen kann.

○ Halte den aktuellen Status Deiner Projekte fest. Bei mehreren Projekten gehst Du auf jedes einzelne ein und ziehst am Ende ein Resümee, wie Du den Stand der Projekte als Ganzes siehst. Schau Dir dann auch an, was Du daraus für Schlüsse ziehen kannst, was Du zukünftig möglicherweise zu Deinen Gunsten verändern oder anders entscheiden kannst.

○ Notiere die momentan deutlichste Vision eines aus Deiner Sicht für Dich besseren Lebens.

○ Fasse aus allen Punkten die darin vorhandenen Ängste wie auch Kraftquellen und Aspekte wie Erfolg, Freude und Herzensangelegenheiten zusammen und trage sie in die nachfolgende Tabelle (destruktiv/konstruktiv) ein.

○ Schreibe ein zusammenfassendes »Schlusswort«, in dem Du das Wichtigste auf den Punkt bringst.

destruktiv (schöpfunsgwidrig)	konstruktiv (schöpfungskonform)

FSC
www.fsc.org
MIX
Papier | Fördert
gute Waldnutzung
FSC® C083411

Zeitfracht Medien GmbH
Ferdinand-Jühlke-Straße 7
99095 Erfurt, Deutschland
produktsicherheit@kolibri360.de